जज़्बात

डॉ. प्रभांशु वर्मा

BookLeaf Publishing
India | USA | UK

Made with ❤ on the BookLeaf Publishing Platform
www.bookleafpub.in
www.bookleafpub.com

Dedication

यह किताब उन सभी दिलों को समर्पित है
जो चुपचाप दुनिया को सुनते हैं।
वे जो अपनी ही सोच की गलियों में चलते हुए
छोटे पलों को रोशनी में बदल लेते हैं।

उन पाठकों को,
जो हर पंक्ति में अपना कोई पुराना सपना
या कोई नई उम्मीद ढूंढ लेते हैं।

और उन लोगों को
जो शब्दों की इस छोटी सी नाव में बैठकर
अपने भीतर की नदी को पहचानना चाहते हैं।

Preface

इस कविता संग्रह की शुरुआत किसी बड़े इरादे से
नहीं हुई थी।
यह तो बस उन क्षणों का जमा हुआ ताप है
जो दिन की भीड़ में छूट गए
और रात की खामोशी में आकार लेते गए।

इन कविताओं में वे सवाल हैं
जो हम अक्सर खुद से पूछते हैं
और वे जवाब भी
जो कभी साफ दिखते हैं, कभी अस्पष्ट धुंध की
तरह।

यह पुस्तक जीवन की छोटी चीजों को
धीरे से पकड़कर देखने का एक प्रयास है।
कभी यह यादों की तरह पुरानी लग सकती है,
कभी किसी खिड़की से आती ताजी हवा जैसी।

मैं आशा करता हूं कि पाठक
इन पंक्तियों में अपना कुछ पाएंगे

कोई एहसास, कोई दृश्य, कोई अनसुनी धड़कन
या फिर बस एक शांत कोना
जिसमें बैठकर थोड़ी देर सांस ली जा सके।

इसी उम्मीद के साथ
मैं यह संग्रह आपके हाथों में सौंपता हूं।

Acknowledgements

आभार व्यक्त करना हमेशा थोड़ा ठहर जाने जैसा होता है।
इस संग्रह की हर कविता के पीछे वे लोग खड़े हैं
जिन्होंने मुझे शब्दों पर भरोसा करना सिखाया।

सबसे पहले, मैं अपने परिवार का धन्यवाद करता हूं,
जो हर उतार चढ़ाव में शांत रोशनी की तरह साथ रहे।
उनकी हिम्मत और स्नेह ने
इन पंक्तियों को जन्म लेने की जगह दी।

मैं अपने मित्रों का आभारी हूं,
जिन्होंने मेरे लिखे हुए को धैर्य से सुना,
कभी हंसकर, कभी चौंककर,
और कभी बस यह कहकर कि
"लिखते रहो, यह जरूरी है।"

उन शिक्षकों और पाठकों को भी धन्यवाद
जिन्होंने शब्दों के प्रति मेरे प्रेम को दिशा दी।
उनकी सीख और प्रतिक्रिया
मेरी लेखनी के लिए किसी छुपे हुए कम्पास जैसी रही।

और अंत में,
मैं उन अनदेखे पलों का शुक्रगुज़ार हूं
जो चुपचाप मेरे पास आए
और कविता में बदल गए।

इन सभी के सहयोग के बिना
यह पुस्तक सिर्फ अधूरे विचारों का एक पिटारा रह जाती।
आप सबका हृदय से धन्यवाद।

1. आओ आज कुछ नया लिखते है

आओ आज कुछ नया लिखते है
अपने रंगीन विचारो से इस खाली कागज़ में नए शब्द भरते है

कुछ तुम लिखो, कुछ मैं लिखू
आओ मिल कर कुछ नया लिखते है।

यह काली स्याही कम है, मेरा दुःख बयां करने मे
आज आईना देखा तो..
सुलझे चेहरे के पीछे एक उलझा इंसान छिपा बैठा है
आओ फिर से उलझे हुए को सुलझाने बैठते है
आओ आज कुछ नया लिखते है।।

2. किताबो का बोझ

कोमल से इन कंधो पर यूँ किताबो का बोझ
अब देखा नही जाता
होमवर्क और कोचिंग का खोखला ढोंग
क्यों कोई समझ नही पाता
इन नन्हे क़दमों ने अभी सही से चलना
सीखा भी नही था
फिर भी स्कूल की तरफ बढ़ दिए है
कंधो पर बस्ता टाँग शिक्षा के पहाड़ पर यूँ
किताबो के सहारे चढ़ दिए है।
माँनाकि शिक्षा जरूरी है जीने के लिए
मगर पहले उस नन्हीं सी जान को
पनपने तो दो दुनिया को समझने के लिए ।।

3. छोटी आँखों की बड़ी दुनिया

कुछ विचार कर मैं अपनी दुनिया बड़ी करने निकला
छोटी आँखों के बड़े सपने सच करने निकला,

सोचा बड़ी दुनिया की खोज में छोटी को साथ बाँध कर चलू
इसी ख़ातिर मै दूसरों के फैलाये हुए को समेटने निकला,

आखिर में दरवाजे कुंडियां बंद कर
बेबस आसमां की बेड़ियाँ खोलने निकला,

मशहूर न तो वो कम थी, न किस्से मेरे बुरे थे
बस वो अपनी दहलीज़ तक सीमित थी और मै अकेले समंदर नापने निकला।।

4. स्वप्न और निद्रा

मैं हर रात्रि पलंग पर लेट कर
सारी चिंताओं और दुःखों को भूल कर
अपनी कविता के लिए नयी-नवेली पंक्तियाँ खोजता हूँ
फिर उसी रात्रि उन पँक्तियों को लय की तानों में पिरोता हूँ
दिल चाहता है कि उन शब्दों को कागज़ पर उतार लूँ
अपने सोच-विचारों का भार उन पंक्तियों में डाल दूँ
फिर धीरे-धीरे ये मन आलस्य के समंदर में खोने-सा लगता है
और मेरी पलके निद्रा की लहरों में डूबने-सी लगती है
फिर मन कहता है कि....
इन पंक्तियों को कही सपने में छिपा कर कल कागज़ पर छाप दूंगा
अपने विचारों को शब्दों के तराजू में नया माप दूंगा
मगर अगली सुबह.... मेरी चिंताओं का भार उन सपनों पर पड़ता है
फिर ये मन उन पंक्तियों को कही अंदर ही खोजता है
मगर वो पंक्तियाँ दिमाग और मन के परे कही चली-सी गयी है
या मेरे मन के भावों में कही अंदर ही छिपी है
मैं उन्हें अपने हर स्वप्न और भावों में खोजता हूँ
उन पंक्तियों के लिए मैं अपने हर ख्वाब को खखोरता हूँ ।।

5. माहौल कुछ शांत-सा है

आज-कल माहौल कुछ शांत-सा है
अंदर कई उलझने है
विचारो में गोते-खाती परेशानियां है
मगर बाहर माहौल कुछ शांत-सा है।

है आंच अभी-भी जलती नई उम्मीदों की
ललक अभी-भी है कुछ और पाने की
मगर मन कह रहा है कि वक़्त अभी कुछ बदला-सा है
आज-कल माहौल कुछ शांत-सा है।

जो कभी मेरी तौसीफ किया करते थे
जिनके दिल में दफ़न है कई मेरे मोहब्बत के किस्से
ख़ुशामद का कोई मौका ना छोड़ने वाले
आज गुम है अँधेरे में कही उजाले की तरह
उनको भी खामोशी से कुछ जबाब देने बाकी है
दिल में कई तूफ़ान पनप रहे है
फिर भी आज-कल माहौल कुछ शांत-सा है।।

6. बचपन

जब बचपन था, तब जवानी आता ख्वाब था
जब बड़े हुए, तब बचपन एक ज़माना था
कागज़ की कश्ती और पानी का किनारा था
खुला आसमान जिसमे वो हवाई जहाज़ हमारा था,
होंठो पर मुस्कराहट और मासूम सा चेहरा था
बिना कोई तनाव वाला वो आवारा दिल हमारा था,
पहले तो यूँ शांति से माँ की डांट सुन लेते थे
मगर आज उल्टा मुँह पर बोल देते है
लोग कहते है, बच्चा बड़ा हो गया है
लगता है हमारा बचपन कही खो गया है।।

7. इंतज़ार

मैं शाम तलक ढलता सूरज
तू ओस की प्यासी घास सही,

मैं भरे गगन में कोहरे सा
तू हल्की सी आंच सही,

मैं भारी बारिश में सड़कों सा
तू कागज़ की कोई नाँव सही,

मैं गर्मी में प्यासे कौवे सा
तू हल्की सी फुहार सही,

मैं वक़्त के लंबे इंतज़ार सा
तू आने की आस सही।।

8. कर्म

आखिर एक दिन पढ़ते-पढ़ते यह ख्याल आया
कि अगर मंज़िल न मिली तो क्या ख़ाक परिणाम आया,
उसी क्षण कही से उछलते-उछलते धक्का मुक्की कर
एक विचार उभर कर आया
कि अगर मन मुताबिक परिणाम न आया फिर अपने बेज़्ज़ती
से भरे मुँह को लेके वीरगति को प्राप्त होना जाना भाया
फिर एक और विचार आया
कि अगर अगले जन्म मनुष्य ना बन पाया
तो बेकार हुआ अध्यापकों का इतना पढ़ाया,
फिर डर कर अगले ही क्षण
ऐनक को नाक पर टिका हाथ को कलम थमाया
और परिणाम की चिंता छोड़ कर कर्म पर ध्यान लगाया।।

9. वो अमीर-घर का था

वो अमीर-घर का था
इसलिए साफ़ सुथरा था

मेरे वालिद ने मेहनत की थी
इसलिए पूरा शरीर मैला था,

उसके हाथों की तरफ देखा तो
एक में चमकीला धागा तो
दुसरे में सुंदर घड़ी लटक रही थी,

फिर जब अपने हाथों की तरफ देखा तो
दोनों हथेलियों पर नसों की झालर लदी थी,

मगर जब उसके पैरों की तरफ देखा तो
उसके जूते मेरे ही बदन के कीचड़ से सने थे

फिर जब अपने पैरों की तरफ देखा तो
दोनों नंगे तलवे उसकी घड़ी और सफाई से लसे थे।।

10. सूरत और सीरत

अस्तित्व के समंदर के किनारे रेत के टीले बना रहा हूँ
अपनी कलम के सहारे लोगो की सीरत दिखा रहा हूँ

क्योंकि सूरत तो धोखेबाज़ है
जो सिर्फ उजाले में ही नज़र आती है और
उम्र के बढ़ने के साथ ही ढल जाती है
मगर सीरत अंधियारे में भी नहीं छिपती।

बस एक और
फर्क सूरत और सीरत की
विडंबना को खत्म कर सकता है कि
सूरत तो इंसान की बदल सकती है
मगर सीरत तो उसके मरने के बाद भी याद की जाती हैं।।

11. हॉस्टल की दास्तान

आज मैं अपना घर छोड़ रहा हूँ
अपना एक घर छोड़ कर दूसरे घर जा रहा हूँ,
सुना तो बहुत था कि हॉस्टल जाने से ज़िन्दगी मस्त हो जाती है
हॉस्टल में जो पढ़ लिया उसकी ज़िन्दगी तृप्त हो जाती है,
अब जा कर देखना है कि कितना सच है कितना फ़साना
क्योंकि सुना तो यह भी है कि हॉस्टल एक जेल है
जहाँ साल भर ना किसी बच्चे को मिलती बेल है,

बस माँ जब तुम विदा करती हो तब पलकें मत भिगोया करो
तुम तो घर रह जाती हो मुझे रास्ते भर आँसू छिपाने पड़ते है,
बस एक बात अच्छी लगती है
जो तुम लड्डू का डब्बा रखती हो वो सब को खिलाने पड़ते है,

हॉस्टल में दिन बीतते समय नही लगता है
फिर वो ईंटो का मकान नही घर लगने लगता है
वार्डन की डाँट और दोस्तों के साथ सब अपना सा लगने लगता है,

पर माँ जब तुम फ़ोन करती हो
तो मेरा लाल कैसा है? यही पूछती हो
तुम्हारी चिंता छुपाने के लिए सब अच्छा है यही कहना पड़ता है!,

एक दिन मैंने एक बाहरी को सुनाया कि मैं हॉस्टल में रहता हूँ
घर का खाना त्याग कर मेस के खाने पर जीता हूँ,
तो वह बोले हॉस्टल में तो सिर्फ मक्कार और नकारे ही रखे जाते है
मैंने कहा जनाब एक बार अपना कोई भेज कर तो देखिये
वहाँ कोयले भी हीरे बन कर बाहर आते हैं।।

12. है मलाल तेरा इस दिल में

है मलाल तेरा इस दिल में आस्मां से बिछड़ते तारे की तरह
जैसे छूट रहा हो समय मुट्ठी से रेत की तरह,

है याद हर एक पल तेरे साथ का
जैसे बंद हो हर लम्हा कठघरे में तेरी याद का,

सन्नाटा सा बिखरा है हर जगह
धूप की बिछी चादर है हर जगह
कुछ इस तरह मलाल है तेरा।

अब तू चाहिए भी नहीं न तेरा साथ चाहिए
टूटते तारे को फिर से अपना आसमान चाहिए
मगर छूटा हुआ वापस कभी मिलता है क्या!
टूटते तारे को आसमान वापस मिलता है क्या!

वो बस आसमान की चाह में गिरता जाता है
शायद संभाल ले उसे कोई आसामान बन के
मगर एक सा आसमान कभी किसी को मिलता है क्या।।

13. दशहरा

उस मरे हुए रावण को दोबारा मारते है हम
उस पुतले को जलाने में अपने को वीर मानते है हम,
उस रावण ने तो सिर्फ अपनी बहन के प्रतिशोद में
सीता माँ का हर किया था
लेकिन छुआ बिल्कुल भी नही,
लेकिन आज के रावण तो सिर्फ अपनी वासना के लिए
किसी सीता सी लड़की का हर करते है
लेकिन उनके खिलाफ होता कुछ नहीं,
उस रावण का अब दहन मत कीजिये
समाज के रावणो का दहन कीजिये,
जो बहनो पर जबर्दस्ती कर सड़को पर खुलेआम घुमते है
अपने कायदे को छोड़ अपनी आज़ादी को सरेआम चूमते है,

'उस रावण को छोड़ आज के रावणो के लिए राम बनो"
पुतलो को दहन के बजाए समाज के रावणो का दहन करो।।"

14. सुन लो हे परमात्मा.....

सुन लो हे परमात्मा.....

सुन लो है परमात्मा
हुक रही मेरी आत्मा
क्यों भेदभाव है नसल नसल
क्यों ज़हरीली उगी फसल,

यह कैसा युग है आया
भगवान को भी कचहरी तक ले आया
कुछ नहीं तो लोग मंदिर और मस्जिद का ही मसला पकड़ लेंगे
मन साफ हो तो भगवान तेरे अन्दर ही मिलेंगे,

क्यों इंसान राम और रहीम को
मंदिर और मस्जिदों में ढूढता है
जीवन की सच्चाई को छोड़ कर
खोखले ढोंग की गलियों में घूमता है,
सुन लो हे परमात्मा हुक रही मेरी आत्मा...

15. अहंकार

जल गयी सोने की लंका
बज गया संसार में ढंका कि
श्री राम ने रावण को मार दिया
मार नाभि पे बाण
अधर्मी का संघार किया,

राम नहीं रावण से भी सीखिये
रावण ने भी भाई का धर्म निभाया था
बहन के प्रतिशोद में सीता माँ को हर लाया था,

उसने भी राखी का मान रखा
पर उसने अपने ज्ञान पर अहंकार रखा
अपने ज्ञान पर अहं मत कीजिये
अपने ऊपर अहं को हावी मत होने दीजिए,
इतिहास गवां है कि
जिसको भी अपने ऊपर अहं हुआ
रावण की तरह ज्ञान से उसका दहन हुआ।।

16. कभी जो मिलेंगे दोबारा हम

कभी जो मिलेंगे दोबारा हम
तो क्या सवाल करोगे तुम?

पहला तो याद है हम या
साफ इंकार करोगे तुम?

ये जो चेहरे पर लालिमा की झालर लिए फिरते हो!
ये मेरी यादों की जमापुंजी है
या किसी और से उधार लिए हो तुम?

जो ठौर तुम्हारा मेरे दिल में बेकरार है
ये आलम उधर भी है
या मेरा ठिकाना बदल दिए हो तुम?

अब तुम भी बताना
कभी जो मिलेंगे दोबारा हम
तो क्या सवाल करोगे तुम?

17. आगाज़

आगाज़ है ये नये दौर का
आगाज़ है ये नये शौर्य का
अब वह दौर नही जिसमे स्त्री सिर्फ एक पात्र है
अब वह दौर है जिसमे हर माँ, हर बेटी खुद मे ही शास्त्र है।

इस दौर मे हर बच्चे को पढ़ने का हक है
क्यों बहने और बेटियाँ कुछ कर ना पायेगी यही सबको शक है
जब बहने ना हो तो भाइयों को राखी कौन बाँधेगा?
बहु तो सबको चाहिए फिर बेटी कौन पालेगा?

जिनके बेटी ना हो उनसे पुछो बेटी ना होने का दर्द क्या होता है?
किसी और की अमानत लेकर जाने का कर्ज क्या होता है?

जिनके सिर्फ बेटियाँ है वह सोचते है अगर उनके भी एक बेटा होता
मैं उनसे कहना चाहूँगा कि कन्यादान से बड़ा दान नही होता।

अपने घर की लक्ष्मी को कम मत समझिए
बेटो से बढ़ कर काम करेंगी
भले ही बेटा बन न सके मगर
बेटो से बढ़कर जग मे नाम करेंगी।।

18. धूप का कण

धीरे से उतर कर
धूप का एक छोटा कण
मेरी हथेली पर आ बैठा।

कहने लगा
कि उजाला कोई बड़ा काम नहीं करता,
वह तो बस
थोड़ा सा विश्वास लेकर
अँधेरों में चलता है।

मैंने पूछा
"क्या तुम रास्ते दिखाते हो?"
वह हँसकर बोला
"नहीं,
मैं तो बस इतना करता हूँ
कि तुम रास्तों से डरना छोड़ दो।"

तब समझ आया
कि उजाला
कभी बाहर नहीं उगता,

वह तो भीतर
धीरे धीरे
अंकुर की तरह फूटता है।

19. सब्र...

सब्र...

सब्र तो बहुत है मुझमें
मगर कभी कभी बेसब्र हो जाता हूं मैं
शांत मन, स्थिर दिमाग, सूज-बूझ और समझदारी सब है मुझमें
मगर कभी कभी मुज़्तरिब हो जाता हूं मैं।

बेचैन आंखे न जाने क्या देखने को तरसती है
आंखों की घटा ना जाने क्यों रह-रह के बरसती है।

ये कभी कभी का आलम है कि मन इतना उदास है
व्यथित मन की दशा है कि हर पल तेरा एहसास है।

मगर एक दिन सब्र जरूर आएगा
बहते मेहमानों का ठहराव साथ लाएगा।।

20. खुद को खो देता हूं मैं

हर बार यूं खुद को खो देता हूं मैं
किसी की डांट-फटकार सुनके,
या औरों की बातें सुन
अपने से खुद को खो देता हूं मैं।

हर चीज़ जो बिगड़ गई है
संभाली जा सकती है
मगर उनकी नागवारी देख
फिर से खुद को खो देता हूं मैं।

ये जो समय जा रहा है
जानता हूं कि एक लम्हा भी वापस ना आएगा
जा रहा है समय साथ में सीख लाएगा।

मगर इस बार वादा है खुद से
मैं ऐसे न टूटूंगा
जो खोया था मैं कही पर,
पूरी मेहनत से खुद को खोजूंगा।

"इस बार मैं नहीं खोयूँगा..."

21. मैं दुनिया का दीवाना हूँ

मैं दुनिया का दीवाना हूँ
दुनिया को बदलने की चाह रखने वाला हूँ
मैं दुनिया का दीवाना हूँ,

दुनिया तो पत्थर मारेगी
पर उससे बचकर जाना है
तभी जीत तुम्हारी होगी
वरना तो एक दिन मर जाना है,

टूटेगा भरोसा छूटेगा साथ दूसरों से पहले अपनो का
मगर रंग भरना है बेरंग आस्मां सपनों का।

अब ना गिरना तुम, ना घबराना बदलते मौसमों से,
और ना बेचैन होना दूसरों की बेफिजूल की बातों से

बस कहना हर दम कि
मैं दुनिया का दीवाना हूँ
"दुनिया को बदलने की चाह रखने वाला हूँ"

www.ingramcontent.com/pod-product-compliance
Lightning Source LLC
La Vergne TN
LVHW022032200926
848481LV00007B/2663